OPKALDET

En fabelagtig ballade

Lars-Erik Berkowich

© 2021 Gørtz, Kim, Sagaro Recordings & Publishing
Frontcover: Boston Library
Forlag: BoD – Books on Demand, København, Danmark
Tryk: BoD – Books on Demand, Norderstedt, Tyskland
ISBN: 9788743027874

INDHOLD

Fandenivoldske Berkowich

Hvornår han var begyndt at blive så desperat, for ikke at glemme, hvornår han var blevet klar over, at han var blevet så desperat, og at det tog til, stod ikke helt klart for ham. Han havde formentlig længe været dristig og endda dumdristig og letsindig, med hang til risikovillighed og hovedløs uforsigtighed, ja, med ét ord: fandenivoldsk. Det havde været hans liv.

Det var i hvert fald det ord hun havde brugt om ham, da hun formentlig ville vise hvad hun kunne, nemlig reducere samtlige mulige udtryks forbindelse til samtlige former for faktisk og mulig adfærd samt personlighedspsykologiske betegnere, og samtidig ville hun vel også bare sige til ham at hun stadig kunne lide ham, eller at hun altid kunne lide hans lyst til eventyr, hans mod, netop at han kunne være sådan lidt farlig, hasarderet, overilet og ja, ubesindig.

Og måske var det nok netop dette hun så gerne ville være der for ham for, hele det ustyrlige, umådeholdne og trodsende aspekt i hans sind, vilje og adfærd; det var netop det, der var så fascinerende ved ham. I fandens vold og magt, den diabolske mægtighed, den djævelske desperation! Og hvor tit havde de ikke i deres unge år sammen skrålet, jublet, nynnet eller sågar hvisket: "Vi længes efter det frie, fandenivoldske liv fjernt fra det bonede parket-gulv og vore mødres bekymrede blikke". Men da havde de nærmest været små.

Men at hele dette eventyrs-sind havde forskubbet sig til desperation gjorde ham ængstelig og trist, eller havde med tiden gjort ham mere og mere stille, indadvendt, og han kunne, hvis og når han ville, egentlig ikke finde nogen speciel grund hertil. Eller hvad der havde begyndt hvad; måske var det ængsteligheden og den sørgmodige smerte, som i nærmest osmotisk grad havde afstedkommet forbitrelsen? Hvorfor var han gået hen og blevet så kort for hovedet og nærmest tavs, for fanden fandenivoldske Berkowich, tag dig dog sammen, eller dø. Sæt hende nu skakmat.

Måske var det netop brevet fra hans søster i Milford som begyndte det hele, eller påbegyndte det hele igen, denne gode og dygtige Dr. Barbara Berkowich, hvor, der med årene havde sneget sig et Lee ind som mellemnavn, gift med

Jonathan Lee, og hun var blevet specialist i smerte-behandling og ikke mindst rehabilitering, og var således en ganske dygtig og erfaren kvinde til at hjælpe (sinds)syge tilbage til en normal tilværelse, med henblik på, som det typisk hed; "at opnå et selvstændigt og meningsfuldt liv."

Måske var det dette brev og det senerekommende opkald, og mødet og opholdet, samt processen der efterfølgende opstod, som fik ham til at indse den støt stigende desperation i hans sind. Hvad ville hun da også ham, efter de mange år i fuldkommen adskillelse, og hvad ville hun dog til Danmark efter?

Trods det forhold at der ligger en virksomhed i Værløse, som hedder Milford, og at Milford er en by inden for Coastal Connecticut og New Haven County, Connecticut, mellem Bridgeport, Connecticut og New Haven, Connecticut, USA. Og ligger sådan cirka en tredjedel væk fra New York med retning mod Boston, og at befolkningen i 2019 blev estimeret til at være 53.195, samt at byen inkluderer Village of Devon og bydelen Woodmont, så kunne Hr. Berkowich ikke være mere ligeglad hermed, hvis ikke det var fordi at han selv arbejdede i Værløse på nævnte virksomhed, og at hans søster boede i Milford i USA. En pudsighed de begge havde studset over.

Men han havde specielt hæftet sig ved nogle passager i hendes brev til ham, som kredsede om at hun var vred og rådvild, og søgte nogle svar for at få ligevægt i de overvælende følelser, som hun havde præciseret som fortvivlende håbløshed, og at hun af den grund havde tænkt sig at besøge ham inden længe i Danmark, får at få nogle ting på plads, og at de ved nærmere samtale kunne aftale, hvordan og hvorledes i forhold til hvornår og hvor hun kunne bo.

Ja, hun var hans storesøster, og han vidste godt, hvad det var hun i bund og grund ville og havde brug for at få afklaret. Det var blot et spørgsmål om tid ... og udfald. Tiden var gået, den var ved at rinde ud, og dette var måske det sidste som manglede at komme på plads, således var anslaget og åbningen klar, præsentationen så småt ved at foregå, og det næste ville formentlig blive en art uddybning indtil at "point of no return" var nået, og konfliktoptrapningen var i gang med det efterfølgende klimaks, derpå udtoningen; afmatningen...

Den dramaturgiske demiurg

Således begyndte de forskellige vendepunkter at tage fart i takt med at dagen nærmede sig, hvor Hr. Berkowich, ham den tidligere så fandenivoldske, efter mange års adskillelse, skulle gense Dr. Berkowich, storesøsteren i søskende-forholdet. Egentlig var han ikke nervøs, da han så taxaen dreje om hjørnet og trille ned ad vejen til deres hus, hvor han stod i silende regn, med parably dog over sig, og spejdede utålmodigt i haveindgangen. Han var nok mere trist og ængstelig, og vidste dybt i sig selv, at noget inden længe ville blive gravet frem igen, noget som de sammen havde skabt, nærmest som en anden demiurgisk dynamo.

Således vævedes i hans indre eventyrs-sind et tæppe af angrebspunkter, symbolske scener, fortrydelser og principielle prøver; alt imens taxaen kom langsomt nærmere, formede disse tegn og kurver en mytisk verden, hvor kaos blev bragt i orden gennem fornuftens evige ideer som forbillede. Her stod Hr. Berkowich i sin haveindgang og så Dr. Berkowich komme sig nærmere alt imens, at den indre håndværker i ham tog over og gjorde sig til ophavsmand og formgiver for det arbejdende folk og de dertil knyttede følelser i sig.

Og uanset om hele dette indre psykologiske spektrum udgjorde en jammerdal skabt af og i en lavere orden, så kendte han sit sind så godt, at det netop nu ... nærmest helt af sig selv ... var i gang med en sirlig og snirklet handlingslære, hvis ypperligste formål var at give historien den form, som gjorde det muligt for de involverede skuespillere ... hans søster og ham selv ... at formidle den. Og spille den overfor sig selv og hinanden ... som så mange gange før, indtog de deres roller.

Dramaturgisk set var denne episode netop interessant og kritisk, da kernekompetencen lå hos dem begge, og at de begge godt vidste at de begge både var dramatikerne, manuskriptforfatterne og ikke mindst instruktørerne. Således var historien i gang med at blive skrevet igen, og uanset om scenen umiddelbart forekom teatralsk eller filmisk, vidste de begge to godt, at de havde brug for rådgivning af hinanden og formentlig af en tredjepart, som endnu var uvist hvem.

Det store spørgsmål for nu, var nok om handlings-forløbet fremadrettet ville udfoldes ad lineære og sammenhængende historier via plotlogik, karakterudvikling og vendepunkter, eller ad ikke-lineære collager og dermed sådan ad mere tematisk baserede ruter? Hvad der også kunne fængsle nogens interesse netop her, da søsteren trådte ud af taxaen, var, om dramaet blev tragisk eller komisk. Men der herskede formentlig ingen tvivl om at de begge var lige godt interesset i at få fortalt historien bedst muligt til hinanden og deres publikum. Og gerne i den tragikomiske genre.

Måske var det sådan at begge manglede eller havde glemt hele præmissen for deres historie; hvad var det nu, der havde rystet dem sammen, og adskilt dem, og nu på vej til at føre dem sammen igen, og var den præmis de hver især havde glemt eller gemt grundlæggende set rigtig i moralsk, etisk eller ideologisk forstand? Var hele grundpræmissen og dermed historiens dybeste kald og budskab et spørgsmål om kosmisk kærlighed, når det kom til stykket?

Var det derfor at Dr. Berkowich øjeblikkeligt begyndte sin smertebehandling og rehabilitering ved at stikke hendes lillebror en syngende lussing, efter at taxaen var kørt, hvilket gjorde de følgende otte trin op til hoveddøren uendeligt langstrakte og tungsindige?

Denne svidende fornemmelse, som han kendte så godt fra alle de tidligere slag i ansigtet, mindede ham igen og igen om anslaget i fortællingen. Da han stod på første trin og kiggede svagt frem for sig, og bagover sig ned på hende, og hendes tasker, blev han påmindet om den duft hun udskilte når hun var gal. En aroma som fik ham til at erindre ordenens tilblivelse i deres forhold. Hun begyndte at nynne deres hymne til kærligheden et sted bag sin fine og noget klodsede hat, som hun havde taget på til rejsen:

"Let's fall in love..." ... sang hun stille foran sig.

Alt imens at Hr. Berkowich nærmest modvilligt med tunge ben løftede sig op på andet trin, på vej mod den åbne hoveddør, følte han sig draget mod noget, som var uden for hans kontrol, som en klan af dæmoner, der hang ved ham, følte han trang til at præsentere søsteren for de fornødne oplysninger, hvad angik hendes ophold i huset i de kommende fjorten dage.

Om det var Eros og Afrodite, som bankede på hos ham, da han trak vejret og gjorde klar til at fremlægge sagerne for hende, og indså en glans af lys og skønhed omkring hende, da han ligesom kunne se ned på hende fra trappetrin 2. Om det var dem, eller noget helt tredje, i hvert fald blev han ramt af en vis munterhed, glæde og begejstring ved gensynet med sin søster, Dr. Berkowich.

På trin 3 vender han sig om og ser søsteren i skønneste orden, gengivet via det hun har omkring halsen, netop den sirlige orden, han havde givet efter for så længe, og som han havde lært af hende, finder han i hendes halskæde, hvor perlerne er arrangeret i forløb i forhold til enten størrelse eller farve. Netop denne som han gav hende da hun drog bort fra Danmark for at giftes med Jonathan i USA. Han fryser igen i et øjeblik og indser hendes gode smag og særklasse samt den fuldstændige og perfekte orden, og undres over hvad det var der døde hen den dag hun drog bort.

Hvis ikke det var fordi at søsteren havde skubbet til sin bror, kunne han have faldet i svimer på trin 3. "Lad os nu komme ind, Lars-Erik!" Og hun skubber til ham således at han falder over ... og op ad ... trin 4, 5 og 6, og lander uheldigt med hovedet først ind i dørens skarpe kant. I hvert fald besvimer han, og opdager ikke blodet flyde ud i håret og hen langs gulvet og smådryppe ned på trin 7 og trin 8.

Der er åbenbart kræfter, en skæbnens nødvendighed, som er stærkere end den fandenivoldske Hr. Berkowich, og lad det for nu stå uklart hen om de to mennesker på trappesatsen er skinsyge personer, gerrige, jaloux, eller om de bare så gerne vil bidrage med noget for at få genoprettet verdensjælens orden.

Egentlig må der her gøres opmærksom på, at deres egentlige motivation aldrig rigtig er blevet afsløret, men netop henligger i mørket, og formørker både intelligens, lidenskab og livsform.

Det skønnes varighed åbenbarer sig for broderen, da han senere på dagen vågner i sin sofa, og igen oplever sig forelsket i sin søster; han har ikke noget valg. Har aldrig haft det. Hun er det skønne som giver ham inspiration til sine kreative impulser og fandenivoldskhed. Han falder i søvn.

Løftet
Ilden. Den kosmiske sanselighed, og det lysende skin. Cirklen. Proportionerne, symmetrien, rotationerne, lige-vægten, og harmonierne, han vågner op igen; *"... og for i Sandhed at smykke Himlen spredte han dem ud over den, saa den blev som et Stjernetæppe."*

Lars-Erik lå længe og kiggede på sætningen, som hang i glas og ramme på væggen for enden af sengen. Det var fra Platons dialog: "Timaios". Han tænkte så længe han kunne over den spontane orden. Inde i stuen kunne han høre sin søster rumstere rundt med møblerne, og i sit hoved var der en dundrende smerte fra gårsdagens fald op ad trappen i forbindelse med hans søsters ankomst ... og skub.

Var det hele bare tilfældigt? Eller var det først når hele strukturen og ordenen var etableret og kommet på plads, at der kunne blive rum til tilfældigheder?

"Måske viser skønheden sig først, når formerne er blevet stabiliseret?"

Han hørte sig selv stille spørgsmålet ud i rummet. Nærmest hviskende gentog han det et par gange, og lyttede ligesom efter dets ekko. Men det var tankerne som tog over, og mylderet tog fart med temaer som lykke, fryd og hele dette specielle trick, som hans søster havde fortalt ham om, da de var børn, at få nattehimlen til at ligne et stjernebestrøet tæppe samt den omhu hvormed båndene glattes omkring verdenssjælen, således at alle rynker forsvinder.

Han smilede frem for sig og kunne mærke glæden, mindedes den legende aktivitet, festerne og højstemtheden, da de som børn og unge fejrede deres eksistensmodus sammen, søsteren og ham. Men overalt hvor kærligheden opleves, sniger bekymringen sig jo ind, havde hun sagt smilende til ham, og sat sin pegefinger foran sin egen mund og derefter på hans mund, hvilken hver gang havde sendt ham afsted med urolige rotationer af tanker som kredsede omkring muligheden af, at kærligheden døde, deres kærlighed holdt op, eller at elskeren vendte sin interesse mod noget andet og forlod den elskede. Som det jo var sket; det var det, der var tilfældet.

Men holdt kærlighedens holdbarhed op? Er kærligheden stærk nok? Kan der gives nogen forsikringer? For ham var det verdens undergang, hvis det var slut med kærligheden, og hele dette eskatologiske tema var i eksistentiel forstand formentlig blevet påbegyndt allerede den dag hun var begyndt at tale om at flytte til USA, fordi hun havde mødt Jonathan Lee ... i Paris.

"Da han havde ordnet alt dette, vendte han tilbage til sit eget".

Lars-Erik lod sine øjne falde på det andet citat, der hang på væggen, lige ved siden af det andet. Også dette var fra Timaios, og forblev en gåde, eller rettere sagt, et sandt mysterium. Hvad foretog hans gudommelige søster sig, den dag hun vendte sig bort fra ham og mod sig selv ... og Jonathan Lee?

Var det ikke meningen at viljen skulle være et bånd, deres bånd, og dette var løftet; at dette *er* løftet? Han kaldte på sin søster. Hun kom ind og satte sig på kanten af sengen og tog ham i hånden. Det føltes godt, rigtig godt, for begge parter. De smilede i tavshed til hinanden, og hun nussede hans pande, og bad om undskyldning endnu engang. Lars-Erik smilede, og spurgte hende om hun kunne huske deres løfte til hinanden, førend hun rejste til Milford?

"Ja, da", svarede hun undvigende.
"Men på hvilket grundlag gav vi hinanden løftet, du kære bror?" Hun kiggede ham dybt ind i øjnene, og flirtede lidt med ham.

"Men det var vores store løfte, Barbie!" Han kunne ikke lade være med at kalde hende dette, blot for at minde hende om hendes latente småborgerlighed og glatte form for amerikanske overfladeliv. Han fortsatte:

"Vi befinder os i en skrøbelig og usikker situation, som rejser spørgsmålet om holdbarhed ... og lødighed."

"Hvad mener du?" Hun trak sig lidt, og lød mere streng.

"Det virker til at vi bliver svage, er blevet meget svage i vores vilje ... og løfte." Han satte sig op i sengen.

"Mener du nu igen at vi er blevet ofre for kræfter, som vi ikke kan mestre?" Hun smilede kælent til ham.

"Ja, og at dette får os til at kollapse, det vil få os til at kollapse." Det sidste sagde han med lidt ekstra tryk på, i håbet om, at hun ville tage det ind ... helst helt ind i sit hjerte.

Og som der står skrevet et sted, om når verden kollapser:

De evige former, eller ideerne, som stadig lyser i evigheden, vil da fortsat være ubevægelige og uberørte, men de vil til gengæld mangle et menneske til at meditere over dem ... og bevidne dem.

Skakspillet: Det anafylaktiske chok

Det er svært at sige (om det skulle være blevet beskrevet) i funktionelle og pragmatiske termer eller i sådan mere refleksive og meta-deskriptive udtryk; i hvert fald syntes tilfældet at være begge, både hvad angik og angår "løftet" samværet og ikke mindst forholdet mellem de to søskende og ikke mindst selvforholdet. Måske skyldtes det situationen, den indre og den ydre, komplekset, måske skyldes det, hvad man teknisk set ville og vil kalde for det anafylaktiske chok, selvom det forekom og forekommer at være så absolut lidet fyldestgørende.

Fx var og er der kassen med de semi-indiske associationer på låget, og der er de træskårne og håndlavede skak-brikker, hele atmosfæren og den gennemgående rutine som efterhånden havde og har nået sit maksimum af træghed, alle aftaler med at trække lod, rørt brik; alt dette som vedrører de mere fænomenologiske observationer og registreringer, og så var og er der også hele det hermeneutiske felt, hvad angår fortolkninger og diskursive beretninger. Alle disse flugtveje, udveje, alt dét, der skal sikre én og nogen, at intet forfærdeligt går op for én, fordi simpelthen smerten og det ufattelige er for svært at være og leve med; hele det symbolske rum var og er ladet i og med livet og deres mellemværende; søskende-parret imellem.

Men i hvert fald var der kongen og dronningen, springerne, løberne og ikke mindst bønderne samt tårnene, og så var man kommet gennem dem alle, og man kunne sige og skrive A3, D5 og E7, og beskrive bevægelserne på fladen fra fx B6 til D6 og man kunne blive ved via fx E2 til C3, og gennemgå hele partiet, og det ville ikke rigtigt kunne sige så meget om netop den voldsomme form for allergiske reaktion, der indtræf, som følge af løftet, og som ville og vil kunne forklare en del andet, ikke mindst i forhold til hele fortællingen op til nu; hvor smerten ligger begravet. Lad os prøve at komme omkring det via tekniske termer først, simpelthen fordi at det gør så ondt.

Lad os kigge på det græske ord; "anafylaksi", der betyder "beskyttelse", som sigter på at hele kroppen reagerer, og man kan sige at hele sindet følger med her, og så kan det godt være at det kan forklares og bliver forklaret i sådan mere læge-naturvidenskabelige udtryk; det er i bund og grund livstruende, og hvad angår chokket, kommer det fra det franske sprog, og henviser herved til stød og konflikt, der typisk afstedkommer såkaldte afværgebevægelser og flugt. Og specielt når det vedrører en psykisk tilstand viser det sig som regel via sløvhed, forvirring, handlingslammelse og uklar tankegang.

Så hvad var det der skete, hvad er det, der sker, også i denne fortælling, som jo tilstræber at indhente hele forløbet fra den gode Claus Falkenberg og hans "Opdagelsen. En gådefuld novelle". Og hvorfor nu en "fabelagtig romance"?, jo, vel, de tidligere afsnit har beskrevet noget, som indikerer, at der var og er en vis romantik i luften, ikke mindst mellem søskendeparret, men hvad med det skakspil, og dette chok; hvad skal det dog føre til af opklaring, forklaring, når den psykiske choktilstand, der her tilstræbes, at kunne komme til orde, dels udgør en længere varighed, og dels tydeliggør en effekt af væsentlige tab af et menneskes samlede livskvalitet?

Som det siges, de fleste steder, så kan noget sådant som et anafylaktisk chok, når vi ikke går i retning af type 1-4, men snarere holder fast i "en nærtstående persons død", og delvist et tab af "en personlig værdighed", så har vi at gøre med en række symptomer af et sådant omfang, at man må kalde tilfældet et *syndrom*, som fx indvarsler og udfolder depression, skyldfølelse og aggression, og "i svære tilfælde en total nægtelse af det skete". Så, hvordan kan det siges, når den pågældende har svært ved at huske, tænke klart, har stærke humørsvinginger, og i det hele taget forekommer dybt invalidet som mennesket i dets fulde tilværelse? Med andre ord, der opstod ingen krise-terapi, og her ligger måske den dybe fejl. Men hvad var det, der skete?

I stedet for hele tiden at tale og skrive udenom, og dyrke overfølsomheden (*sensibiliseringen*) og udsættelsen for et stof; i stedet for at påminde folk om at 'allergi' kommer af græsk *allos*, "anden" og *ergon*, "virke" eller "virkning"; i stedet for hele tiden at tale om immunglobulin eller T-lymfocytter og de fire typer af allergi-reaktioner, så hvorfor ikke bare sige det som det var ... og er? Hvorfor hele tiden tale om endogene

21

tilstande eller intolerans-reaktioner; det er jo ikke astma, eller det kan man jo sige, i sådan mere sjælelig forstand, da ordet jo henviser til "åndenød" (fra det gæske *asthma*). Men hvad er det mere præcis for en åndenød, er det en dyspnø eller ortopnø; hele denne mulige hjerteinsufficiens, som det hedder og kaldes, kommer jo ikke sagen nærmere, det er jo bare ord og betegnelser; hvad skete der? Hvad sker der? Hvem er de? De to som ser ud til at spille skak med hinanden (og sig selv)?

Atopisk dermatitis ... gider du lige...

Dét, der skete var, sådan helt uden fabelagtig romance og u-denoms-snak i sådan semi-naturvidenskabelig læge-termer, at bror Lars og søster Barbara havde indgået den aftale, da de var små, at den der tabte, det var løftet, at den der tabte, skulle sluge en bonde; i dette tilfælde blev det en sort bonde, den sidste, der var tilbage på brættet endda; og den stod på D1, og kunne have gået til baglinjen og være blevet til en sort dronning, men det blev aldrig tilfældet, og det blev aldrig mere tilfældet at de to igen skulle spille et parti til i det man måske kunne eller kan kalde for den virkelige verden, for hvad er det nu lige at den virkelige verden er, specielt når nu tilfældet synes at være, at de har besøgt hinanden igen, eller lad os sige det sådan så narrativet da nogenlunde hænger sammen, at Barbara var kommet på besøg i Islev (igen?) helt ovre fra Boston, i omegnen af Harvard, og hvad var det hun skulle have på plads (igen?)?

Hvorfor hun dukkede op igen og igen, var formentlig svært for både Lars at forklare sig selv, og for naturvidenskaben at forklare Lars (og sig selv), hvad ville hun og hvem var hun; hvad var og er hun? Et spøgelse, en skikkelse, et genfærd, og hvad var det egentlig, der skete sådan mere i detaljen, den eftermiddag, hvor hun slugte brikken, eller det vil sige at hun jo ikke rigtig fik den slugt, for den satte sig fast i halsen på hende, og hun kunne ikke synke den, og ikke spytte den ud, og blev, ja, nærmest blå i hovedet, og faldt om, fik mere end bare åndenød, og så sad Lars dér, og så sin søster dø, endda sin tvillingesøster, og hvor var mor og far henne?

Hvem var egentlig tilbage, når nu far igen var ude at køre?

Noder og noter; en eskapisme

Og så kan man nok så meget nusse rundt med abstrakte udtryk for toners højder og varighed, når man fx ikke kan eller vil (vil nogle måske sige og mene) huske, hvordan og hvor længe det lød, da søster Barbara havde fået den sorte bonde galt i halsen, og hverken broder Lars eller nogen anden kom, eller kunne komme hende til undsætning, så kan man nok så meget udforske nodernes grundfrekvens, stamtoner og nodesystemer, og ikke mindst når 'node" kommer af det latinske *nota*, og betyder "tegn", så må man da undres over de mange romancers betydning, funktion og grundlag.

Hvad er det, som vi stikker af fra, Lars? Specielt med tanke på at også "note" kommer fra det latinske *nota*, og også henviser til "mærke"; hvad er det for en relativ hyppighed, som du, eller vi, ikke kan eller vil føle? Hvorfor fordufter vi bort i alle disse tegn, noter og noder, som stempler vores forsvinding; hvad er det vi gør, når vi hverken kan være eller ikke kan være i det forfærdelige, og hvordan er det dog (og mon) at det kommer igen og igen ... og igen. Gentagelsens galskab! På den måde må vi høre efter og samle noterne og lytte til de noder, der spilles og skrives samt gør sig gældende på og i livets partitur, ikke sandt? Derfor bliver det også vigtigt at få afgjort og afklaret, hvem denne fortæller til dette egentlig er? Er det dig, Lars? Er det mig, Lars? Claus?

Det synes at være tilfældet, i hele dette alenlange intermezzo, uden handling, dialog, eller noget, der ligner, at undre sig over, hvad det vil sige, at flygte, denne form for dagdrømme og flugt fra virkeligheden, hvor vi undgår dagligdagens problemer eller ubehagelige følelser som fx kedsomhed, ubehag eller angst. Vi flygter alle. Men det er værre end som så, eller denne *case* synes langt mere kompliceret end denne almindelige, og triste, hverdags-erfaring og karakteristik af den verdslige socio-kulturelle konstatering; at alle deserterer fra sig selv, hinanden og verden som sådan. Denne fortælling er værre en som så, fordi den viser at nogen eller noget dæmrer, og at hele denne opvågnen gør sindssygt ondt. Fx skylden...

Så, hvor længe skal der gå, førend at vi får denne *case* på plads, og det lyder netop her som om at Claus (jf. "Opdagelsen") er ved at sige noget, ikke sandt (de læsere som har læst "Opdagelsen" ved, hvad der her er (og kommer) på tale), nemlig det forhold at få tilvejebragt en forklaring på og en af-klaring af, hvad der egentlig skete for mange år siden, både hvad angår, da Lars og Barbara spillede skak, og Barbara både tabte partiet og mistede sit liv, og da Lars (og Claus) i selvsamme moment blev til og spaltede, sådan a la en art psy-kotisk *aufhebung* (sådan lidt Hegel-agtigt), en ophævelse og splittelse; han spaltede til to; således, at jeg blev mig, og der-med både mig selv og en anden, i den forstand allergisk; "an-den virkning" (jf. tidligere); jeg blev allergisk overfor mig selv.

Og man kan kigge rundt i alle sine noter, hvis man over-hovedet har nogle sådan, alle disse fragmenterede tegn, og mærke, hvordan det føles at høre nodernes dans i ens hoved og sind, sådan rigtig føle, hvordan det er, at komme hjem og opdage sig selv stå i køkkenet og vaske op, sådan hele tiden være ikke bare ved siden af sig selv, som man nu en gang også er, i en fuldkommen henrykt distræt skikkelse i og med den flygtende form, men ligefrem gå udenfor fx i sin have og se sig selv på afstand, som om det/dér var en anden, en helt anden ... virkning; allergi i psykotisk praksis!

Og kan man skrige, kan man tale med nogen herom, for hvem vil tro på det, hvem vil ikke spærre én (eller begge) inde, komme på den lukkede og være i hvidt tøj, bag lås og slå, så hellere leve med genfærd, søstre, der kommer og besøger én regelmæssigt, og jo, man er for længest kommet til tåls med og endog forbi angstens sugende hvirvlen; har med andre ord lært at svæve i intet, og hele tiden være på vagt for, hvem der dukker op af sig selv omkring næste hjørne, i det næste kommende nu... ens egen anden... gys...

Således er chokket blevet *rummet*, skabt og tabt i et psykologisk spil med sig selv, og aldrig som sig selv, men med masker og accept af regelmæssige besøg, cirkulerende i sit helt og aldeles eget og dermed ensomme liv; kedsomhed? Nix og *no way*; bekymret psykose, ingen fornemmelse for hvad og hvem der er (med) hvad og hvem, alt kan trænge igennem stoffets membran, og man kan lære at kalde det frem og tilbage, leve med *metempsykosen*; den fluktuerende sjælevandring, og alligevel kan man tro på, og drømme om, at musikken og teksten, noderne og tegnene, noterne ikke mindst, kan holde én oppe på, fast på, en art konfigureret identitet, insistere på et narrativ, en flygtig fortælling, og vide at når brevet kommer, telefonen ringer, når det banker på døren, så spiller man dét, man skal, og således bliver man ved, lige til den dag, det moment, hvor noget eller nogen helt anden, igen en "anden virkning" dukker op ... allergien længe leve; *sensibiliteten*, kalder én frem, som den man er, for den man er.

Og der er jo ikke nogen grund til at fortælle, hvordan Barbara blev sat skakmat, dvs. hvad situationen var og blev i sådan skak-termer, og der er vel heller ikke nogen grund til at undersøge, hvorfor vi var alene hjemme, hvor var du mor, hvor var du far, hvorfor var det mig, der skulle se min søster dø med en sort bonde i halsen? Ja, jeg blev til Claus, og Claus og jeg blev til mig, og alligevel har vi aldrig været den samme, været de samme; vi ser hinanden på afstand, iagttager hinanden udefra, og har gjort det længe, indtil for omtrent 10 år siden, hvor noget hændte, eller sådan kan man faktisk ikke sige det, fordi en art temporal forskydning, endnu ikke er muligt at kunne forklare eller gøre rede for indenfor en art almindeliggjort kronologisk forståelse, endnu et chok, eller en lammelse, hvor telefonen ringer, eller nogen ringer til nogen, og beder om overvågning, hvem er det, der ringer, og hvem er det, der ringes til, og hvorfor?

What is the fucking wake up call all about!

Hey, det kan man da sige ret så nemt, nemlig;

It's all about you!

Så, hvem er dette jeg, dette dig, der dels ringer, og dels bliver ringet til, og hvad er hele incitamentet, når nu det er, at nogen eller noget tager sig sammen, eller hvordan man nu end skal formulere det; samler brikkerne, samler noterne, og noderne, jo, endog måske unoderne, mærker grundfrekvensen, tjekker den fundamentale hyppighed af pendulerende strenge og elektriske kredsløb, ja, endog vandbølger, som observeres på et bestemt sted; nu er det nu, nu er det mig, der skal i behandling; chok-terapi, grave det hele frem...

Oh, my goodness; vi som bare lod som om at intet hændte...

Opkaldet; Maren Kastenskjold

Og alligevel må nogen bryde ind her, fx kan jeg bryde ind her, må bryde ind her, og foretage dette knapt så voldsomme meta-indgreb, dvs. sådan lige prøve at få styr på, hvad der egentlig er i gang, og ikke mindst få et klarere blik på, hvad det var som skete. Dengang hvor min søster blev kvalt i en skak-brik; en sort bonde helt ind og ned i halsen.

På mange måder er den ikke længere, og alligevel er den uendelig lang, fx når det drejer sig om at ihukomme det opkald, som min mor foretog, eller snarere var det vist nok hende der blev foretaget, da det ligesom dæmrer og sitrer omkring en art ørenlyd a la en telefonisk resonans, da min mor, mit lange mare-ridt, skred afsted i retning af telefonen inde i stuen, og husker ikke klart præcist hvornår det skete, men det var vist nok i omegnen af min søster kvælnings-død.

I hvert fald slentrede min noget psykisk ustabile mor med sin gyselige kvindelighed og omsorg ind og tog fat om "knoglen", og sagde vist nok endda: "Hallo", sådan lidt kvidrende, som om der ikke var noget drama at spore i nærheden af hende overhovedet. Jeg var nærmest væk, som gået i chok, min søster udåndet, og vist nok hørte min mor følgende besked i den anden ende af linjen:

"Du vil nok ikke tro dette, men lige nu ligger jeg i Bergen og drømmer om det der sker i dit liv, eller rettere i jeres liv, lige nu, og jeg drømmer fremad, vi er i 1967 og ved siden af mit ligger min mand og sover, ligefrem snorker..."

Klangen var norsk...

Og mere var der ikke tilbage i min mor, hun knak sammen, og blev aldrig sig selv igen, selvom hun nok ikke aldrig havde været helt sig selv, men hun kom aldrig på benene igen, og det der skete med mig, måske i samme øjeblik, og måske lidt efter, og måske lang tid efter, var det forhold at jeg blev ramt dybt og hårdt, gentagne gange af KNUMM...

Og hvor var min far henne, ville man måske spørge, og mange har spurgt herom, jeg selv har spurgt, andre har spurgt, hvor var han henne? Selvfølgen var og siger sig selv, at han altid var afsted. På farten på sin egen kunsten af vedligeholde en motorcykel på, hans ét og alt, sin elskede Harley, og længe leve Donny Petersens næsten uvirkelige og dog famøse utroligt mange volumner af 10000-vis af sider om Harley Davidson og dens motorik, m.m., men jeg fandt dog aldrig svaret heri, og måske gjorde min far heller ikke, ham John Conrad Juul, min far, den uopnåelige MC-mester, zen-mester og strengheden selv og slapheden måske også lidt; find dig selv, drømmeren, suseren, ja, mildest talt altid væk; et svagt blik i erindringens sidespejl minder om den vist nok ene gang, hvor jeg var i garagen med ham og se hans Harley; lige røre, strejfe, ikke ridse, en sort satan, skinnende som en bonde i min søster hals.

Men hvad var det egentlig der skete med mig, og hvordan kom KNUMM til verden, til syne, eller også var og er det K.N.U.M.M. – svært at sige; fordi han både er et den, et det, og et dem, mig selv indbefattet. Det gik hen og blev til min livs-aktualitet, til intet mindre en et mindre eksistentielt skumme-skrift fuld af bio-energi, virtualitet og hvem-som-helst samt ikke mindst om dig, os og alle de andre. Altså mit liv, sådan helt KNUMM som med andre ord blev til (i) livets gryde. Og var jeg ikke helt grydeklar, så blev jeg det med og som K.N.U.M.M.

> Husker vi: "Livets pølse er speget"
> og "The Raw and the Cooked"...?

Herved blev mit livs *dis-positio*, altså min eksistentielle indholdsfortegnelse tegnet frem af en række mapper, som fulgtes ad med spirituelle stoffer og den efterhånden nok så velkendte og aldrig helt forsonede nervøse begejstring, hele dette patetiske nederlag og alle de dér forsøg på at komme omkring de oprørske associations-mekanismer. Og ej at forglemme alle disse møgirriterende erindrings-forskydninger og hele det grundlæggende set komplicerede plagiat.

For hvem var man blevet til, andet, en række kompakte temaer, en virtuel essens og sågar et ubeskriveligt syn i sit udtryk; hele denne KNUMM; en sammenrullet & hengående skænken i evighedens billede?

Og selvom at associationerne uden den fri vilje og percep-
tionernes mere eller mindre ufrivillige positurer drev afsted
som en mare, følte jeg mig dog trods alt begunstiget i og med
hele dette morads af ignorerende misforhold og serielle be-
kendelser. Prøvede jo en masse at bedrive kække miner og fa-
bulere sælsom sødme, samt ikke mindst at dyrke uforvarent
alle de uskelnelige skæbne-zoner og –anledninger; men lytte-
de jeg ordentligt og rigtig til de profetiske advarsler?

Gjorde jeg?

Nej, jeg gled ned og ind i glemslen og sensibiliteten, lod mig
blive (be)taget af bemægtigelsernes arveligheds-strømme, he-
le denne lidelsens gymnastik, alle disse løjer, narrestreger og
lystigheder; alle disse snarer og koketterier, jo, netop surro-
gaternes operationer, genskærene, som skar mig igennem i
alle ender og på alle kanter; dette var og blev KNUMM.

Som et andet eksistentielt *tableaux vivants* drev jeg udi og ind
i, jo vel ind igennem og ud af en art levekunst; som en refleks
og subtil kontrast til kongestien; hvor en slidt åre brister, for-

svandt jeg afsted i og som en form for disponibel modulation, netop som båret kontinuerligt frem af og gennem løgnens fysiske fusk.

Og ville du, ville nogen overhovedet kunne genkende denne bestøvelsens slappe pragt, med alle de hersens asymptoter og analoge hæsligheder, hele garden af vegetale mellem-mænd, dyrkelsen af mikro-tele-skopi; stjerne-tegn, hele molevitten, disse infame fordærvede sjæle-kendere, profet-fuglenes sludren ... og ikke mindst sludder, jeg fik nok, alle fik nok, og vi forsvandt nok, hele molevitten blev væk, undtaget KNUMM.

Det blev hængende, så meget blev hængende, at det vel højst kan være et udtryk for held og skæbnens særegne lykketræf, som gjorde at jeg nærmest snublede over nogle skitser og sære indfald, nemlig fra min far, efter at han var skredet helt ud med sin Harley, decideret kørt af sporet, og forsvundet, død, borte og ligefrem rydning af hans garage, og finder en lille pamflet, om hvilket der står skrevet på læderindbindingen, at dette er en gåde ... som endda får mig vakt op, helt op, på tæer, snoende rundt som man kun kan på skøjter...

Kedsomhedens gåde: The secret Book inbetween
(skummet i skriften; en spinkel tetralogi)

Herved begav jeg mig afsted ind i denne tekst, ja, det er Lars-Erik
som skriver her, og ovenstående er den præcise gengivelse af hvad
der står skrevet på læ-derindbindingen til disse spredte noter fundet
i min fars garage ved ryd-ningen heraf. Og selvom der kan gå lidt
"Kun for forrykte" heri, så var den første side over-tegnet med
følgende mulige titel:

Befri mig vel eller bevar mig vel: Om at vælge og vrage...

Og derefter følger en række skitser og udkast, hvorom det gælder af
specielt part I: Krypten; Gomenol, tiltrækker min opmærksomhed,
dels fordi jeg op-lever "krypten" besnærende og egentlig ikke ved,
hvad "Gomenol" henviser til. Jeg kigger nærmere herpå af disse
grunde.

Pt. I: Krypten; Gomenol
Det viser sig at det drejer sig om underjordiske (hemmelige?) rum,
som er hvælvende og som peger mod helgener, og søger derfor efter

Gomenol, hvil-ket overrasker mig da det virker til at være et varmende og helende massage-præparat, sådan a la noget creme. Med andre ord en æterisk olie fra en plante ved navn: Melaleuca. Og da jeg hører nogle nedfældede udsagn klinge gennem min fars skitser slår det mig dybt i leveren. Fx står følgende skrevet med sær skriftlighed:

Intensitets-tærsklen og den indre diskordans

Igen søger jeg forklaring på disse udtryk, og søger at danne hoved og hale heri, finde mening, og forstår at det kan angive nogle områder fuld af spæn-ding med et indvendigt systematisk register over steder i et tekst-korpus... og jeg kigger videre, bladrer rundt i alle de løsark, og det virker som om, at jo mere at jeg bladrer rundt, desto mere kan der bladres rundt, som om at selve interessen skaber mere at interessere sig for, således blever hele den åbenbart såkaldte "tetralingvistiske model" bemærket ... endda med en henvisning i parentes til s.52-53 ... i gud ved hvilken bog?

Det går hen over bliver sådan noget "sprog-grød", kan man vel kalde det, og mange sprogligheder, i hvert fald fire forskellige slags

skinner gennem noter-ne i mine hænder, og måske bliver jeg ramt
af en endnu uset "skizo-høflig-hed"; i hvert fald råber jeg i en form
for "skrigets syntaks" ud i rummet, da jeg læser følgende:

"... at føre sproget ud i ørkenen..." (s.58)

... og straks derpå er vi klar til part 2:

Pt.2: Tankevækkende tvang

Og her ser jeg til min store forbavselse og sitrende interesse
følgende sentens stående klar og tydelig, sådan ligefrem på sin helt
egen side:

"... at være i sit eget sprog som om man var fremmed..."

... således kan jeg følge de mulige ideer, da tematikker som pop-
musik, pop-filosofi, pop-skrift, og mit eget pop-corn sigter i retning
af en side 59, i gud ved hvilken bog, og det måske noget tyske
udtryk: Würterflucht, får mig til at spekulere for en stund over om
min far mon, qua det forhold at han sådan var en art zen-biker, var
en mindre (anti)filosof og søgte "epistolære udveje"?

I hvert fald må jeg lige forbi det tyske og denne mulige udvej, og finder frem til at det må handle om former for sproglige exit-strategier som fx at forsvinde i sproget, væk gennem sproget, således som en "ord-flugt", flygte med ord-ene, og at udvejen dermed kan være "brevet", dvs. skrivelsen ... <u>scriptum</u>; og her falder jeg på halen ... da jeg finder en godt gennem-latinseret side:

1) *scriptum* er en linje på et spillebræt, *lusus duodecim scriptorum, lu-dere duodecim scriptis* om et brætspil, der spilledes med sten *(calculi)* på et ved 12 hinanden skærende linjer i 25 felter ind-delt bræt.

2) *scriptum* er alt, hvad der er skrevet, skriftlig optegnelse, skrift, *multi de hac re s. (ss.) reliquerunt* har skrevet om denne ting; *id a Platone in scriptis relictum est; s. relinquo* med *akk. m. inf.; aliquid scriptis mandare* nedskrive; *de s. (orationem) dicere* (el. *rem agere*) læse en tale op, "bruge papiret"; *sine s.* uden at have noget skrevet for sig; *laudavit (mortuum) s. meo* i en af mig for ham skrevet tale; *ss. tua* dine skrifter.

3) *scriptum* er en skriftlig forordning.

4) *scriptum* er det skrevne ord, "bogstavet" (mods.: menin-gen), *scriptoris voluntas cum s. ipso dissentit; multa contra s. pro aequo et bono dixit; pro* el. *a s. dicere* forsvare det skrevne ord.

Så var det at jeg rejste mig og tændte en smøg, drak lidt rødvin og tænkte over "brevenes erstatning" og "den beskedne pagt", som min far, så vidt jeg husk-ede havde nævnt og vist nok også havde talt om en del gange, de gange han havde kørt forbi os, førend at min søster spillede sit sidste spil skak, og jeg ligeså, og hvad jeg ikke helt opdagede klart og tydeligt var "edderk(r)oppe-spindets baghold" og alle "flagermusens bitte beskeder".

Jeg forsvandt i en sær rus af minder og u-minder, lod unddragelsen gribe mig, og gled vist nok ind i det min far havde noteret sig som: "Parlografens forhindrings-topografi".

Pt. 3: Sammenrullet; skavanker og bevægelses-akser

Og sådan cirka halvvejs gennem disse skitser måtte jeg overveje følgende, nemlig dels det forhold omkring det kryptiske og ligefrem krypto-gram-matiske, og dels hele det som jeg for nu vil betegne som det skriftlige fader-mord. Og det blev ved overvejelsen, skavanken, da jeg så dette skrevet på den næste side:

"At blive dyr som udtømning af "villen leve"" (jf. note II i kapitel 4)

... og her tog jeg det man vel nok kunne kalde for "skizo-flugten ... over en tærskel...", denne "ubevægelige rejse ... på stedet i intensiteter (s.80-81)". Jeg var ankommet til alle disse "vragstumper og skibsforlis" og kunne mildest talt ikke finde hoved og hale i noget af det, og selvom at denne sentens:

"Et panoramisk intensitetskort over tilstande, der føjer sig til et menneske, når det søger en udvej." (s.81)

... velsagtens gav mig mulighed for at tænke mig om ... lidt mere, så blev det hele tiden til tilbagestrømninger og blindgyder, og måske et spørgsmål om;

"... at vise en udvej som man ikke selv er i stand til at følge..."

... måske var det hele bare "prøveklude og skitser; brat og uafsluttelig" og at et dictum som fx "enhver fiasko er et mesterværk" (s.87) kunne minde mig om denne "endeløse forhaling". Ja, "kaldet(s) klod(s)er" og "genkaldet afkaldet" fik mig on the spot til at føle en form for høfligheds-mani, som et kryb med en art katatonisk underdanighed, jeg skred med andre ord ind og ned i "mas-kin-rummets signatur" og blev blot en del af "hjulværket og den ensomme særling".

Jeg forsøgte mig at komme omkring de "de bizarre slør ... og hvilestederne for en nat", men fandt mig hele tiden ... "afsporet ... i en bortfarende lyd og smeltet ... hovedkulds afsted", det rørte mig dybt, eller højt eller bare sådan overfladisk på overfladen, da jeg fandt mig selv; "rase ud i koldbøttespring i den indre ørken".

"Eksegesen(s) kneb".

Jeg gav op... Og der gik noget tid førend at jeg fandt tilbage til part 4:

Pt. 4: Obskur agitation

Således fandt jeg modet tilbage, gennem en art forståelse for para-grafen, nemlig som det, der er skrevet ved siden af; at skrive ved siden af, parlografisk tilrettelæggelse af et liv ved siden af, som tegnet, betegnet og beskrevet, det var min far; et langt træk i at afværge og afmontere det tilsyneladende, og hele frygten, flugten og følelserne, alle de "rørledningernes flugt (uden inderlige operationer)", alle de "indfalset indicier", protokol og albums, sedler samt "bevingede begæringer":

"... når bægeret flyder over i kulisser og korridorer..."

... fik mig til at tænke på "kontorernes kontiguitet" og den "hypostatiske frifindelse", men også at min fars projekt måske nok var dunkel og mørk, tilsyneladende, men også at han gik imod udbredelsen af fakta, og således den vej rundt lod "blokader splintre

– klodser blokere", simpelthen fulgte "de blokke og pareringslinjer;
langs med serierne", kort sagt; "drømmene i justitsens
ubevægelighed; skrive-skrift-maskinen":

"At fatte verden for at jage den på flugt" (s.137-138)

... og således strejfer jeg stadigt længere ud, dér omkring hvor
nærheden dekanterer, og glide-bevægelsens frie figurer får
pludselighedens minimale konnektorer til at blive "hjælpsomme og
hjertelige sammenføjningsled", som fx "multi-valente
konneksionspunkter" vel kan gøre det, eller som "spæn-dings-fald
på tåspidser" og de "ubegrænsede fragmenter" får det til at sige og
blive til "knæk og bag-døre"...

Således står jeg tilbage med forbløffelsens traume, eller jeg befinder
mig opvakt i forbløffelsens beskadigelse, og ikke blot på grund af
den skæbnes-vangre bonde i skakspillet og i min søsters hals, eller
min mors katastrofale og fatale brøler af en forbipasserende
grufuldhed, men snarere fordi min far og jeg aldrig rigtig helt
forstod hinandens skitser og skikkelser; skriften og jeg forblev fuld
af sadisme, overgreb, masochisme og undergreb...

Afgang: Om indsigtens milde sitren

Således sidder jeg/man tilbage med måske noget, der dæmrer, som en art "den slemme ælling" i et virvar af pæderast format; at væve, som en anden forbandet *psyché-socius* som restituerer et fallit, et skikket ideogram, som fx fragmenterede erindrings-regioner, hvor *terra incognito*, indskriver en række tværveje og intervaller som dissymmetriske elementarpartikler i bedste fald kan fungere som insekters adskillelsespraksis.

Men befinder sig måske dér, hvor dette at tømme og indemure "dunkle fanger" i "det skamfulde teater" ikke kan formå andet end at udskyde og indoptage, jo, man kan velsagtens blive depressiv – skizoid, som den rædselsslagne tilskuer i afstandenes uendelige tomrum, hvor vokabularet for det uendeligt lille bare agerer som en "en ganske lille afvigelse i linjerne" (s.163) (for nu at tage en af de sidste replikker med fra min fars skitser). Hele denne psykiske teleskopering af disparate universer; en lidenskabens mikro-astronomi (s. 163), gør det mildest talt langt fra muligt at være her.

Og dermed er vi ved at være tilbage til dette kryptogram – septet, hvor dette ... at læse i sig selv ... i en mondæn manual, langt fra modsvarer en spirituel ækvivalent, som om det bare skulle være et flux – kastration – a contrario, en ... mnesia; a-, para-, ek-, hyper-... som en form for resonans, som ekstase, eller bare det dér "indvendingens rekyl", som tilskriver skriften kaskader af "kvadreringens statur og statut", hvilket jo *bottom-line* bare er et fupsvar om eller for ensomhed, penselstrøget, den frygtelige *force* – hele ideo-grammatikken... gosh...

En gal mand – et foruroligende lys, et blinkende vanvid og alle de flakkende blikke, Logos på flugt; stjernetåger og satelitter, paranoiker og erotomaniske kompositioner, eller bare de der spind og intensive skitser; ufrivillige, klæbrige tråde.

Og tilbage er der lapperne, ligesom når man eller vi lapper det i os, alle de der løsblade, lad os se på dem, og komme omkring hele den centripetale og centrifugale kraft i disse tilkendegivelser, lad os se på dette, flå dem ud af bøgerne, og se hvad der står skrevet på de håndskrevne 28 lapper, og måske registrere indsigtens milde sitren:

Så der er både gang i jeg-fortællingen, og han-beskrivelsen, i form af nysgerrighed og åbne koder, der er tale om flugt, dialog, afværgelser samt en række registreringer. Lettelsen og udvejen synes tilfældet, og en del meta-kommentarer generelt, udsigelser og frisættelsens exit, men også "man" og ensomhed, fremsynet tankegang og forestilling, lyst, vandring, bevægelse, hjem, åben forbifart, nøgtern observans, ergo en lang række af fortæller-teknikker som udtrykker en form for mønster, men også skriget, nødråbet, og adgangen til "hans" tanker, samt lidt om familie, venskab, bekendte og faderen, djævelskab, og breve, vidner og selvmord.

Herved en række skildringer som gør nogen eller noget bekendt med maskinerne, trapperne, værelserne, opgangene og korridorerne i teksten, og livet som i fx hemmelige lommer og kufferter, nærmest som en kahyt og tomme skriveborde, tænksomhed, betragter og forundring, dokumenter og møder, disciplin og høflighed, og sådan lidt gråd og sorg "i sådanne tanker"; hvile-steder, hvor man ligesom nusser hinanden og anerkender et fragment, og væggene i skriften giver adgang til "hans" tænkning, som et billede på væggen, ophængt med sidedøre og låse samt nøgler, men også krybet spejder frem, dyrestemmen og samvittigheds-naget, sygdommen, apparaturet, tegnene og nålene samt sengen, hvori den dømte og offeret kan få plads.

Og der gives plads...

Dertil følger knuderne, retfærdigheden. Sengene som råder over striden, tjenesten og den manglende hjælpsomhed, drømmen om at forbedre verden, hele dette cirkus, manegen, orkestret, tilskuerne, paladset, oksen, alliken, nomaderne, pisken og "det sænkede hoved", som knejser som kejseren på slottet, og porten eller bare døren, der skal åbnes, eller lukkes, loven og alle disse sjakaler og kameler; ørkenen og tændernes bid, råddenskaben, som om at en rusten saks ligesom skær og klipper inspektionerne og jakke-lommerne i teksten op, flår skriften i stykker, som afbrydelser, som man nærmest ikke kan og skal andet end at ride med på, følge mængderne af vægge, trapper, opgange og nedgange, døre, porte, udsigter, tegn og tydninger, død og ubestemte tegn, "ingen fast bopæl", multiple vinkler, figurer og facetter, roller og invitationer.

Så derfor må alle disse skriftlige stræder og gader, udråb og snoede veje, huller og grave, drømmene om sin egen død, himlens rapport og frie håndslag samt aberne i kasserne hele tiden minde os om frihedens udveje, som en trapez, rødvin og pibe, et sanatorium og en grammafon; at smutte væk fra buskene, en varieté af videns-stråler, akrobatik, mishag, "et pause-nummer i forbifarten" ... "ikke at kunne finde den spise som man kan lide" ... denne eksistens-kamp, skuespillet, forladt, væk, scenarier og mekanik; stil-billedet ... spøgelset, hosten ... dør af kulde... ude...

Tilbage står "opfattelsen"; efter Claus Falkenbergs "opdagelse", og mit forsøg på at levere en *follow-up* i form af "opkaldet", således må vi vente på dommen og den mulige indsigt i og erkendelse af, hvordan tingene i virkeligheden ser ud ... og ikke mindst hænger sammen. Så, sig ... og skriv ... frem.